Oben leuchten die Sterne und unten leuchten wir

ausgewählt und zusammengestellt von Claudia Peters

Ich wünsche dir Sternstunden

Momente, in denen dir etwas klar wird und einleuchtet,
funkelnde Sterne am Firmament deines Lebens,
die das Dunkel durchdringen.

Augenblicke, die lang und gut nachklingen.
erfüllt von der Wärme und dem Licht wirklicher Begegnung,
die dich stark und mutig machen.

Zeiten, in denen du zu dir selbst kommst,
überraschend wie ein Geschenk und ein guter Gedanke,
der dich weiterbringt.

Erfahrungen, die so hoch und so weit wie der Himmel sind,
unendlich wie ein geglückter Augenblick,
in dem dir Leben gelingt.

Ich wünsche dir Sternstunden,
in denen alles stimmt
und die ganze Welt zusammenklingt
wie ein Lied.

Claudia Peters

Ein Lied an die Sterne

Sterne,
die uns ein Leben lang begleiten,
die schon seit Ewigkeiten hoch über
unseren Köpfen stehen.
Unsere Sterne, die wir lieben
und die uns Licht
und oftmals Tröster sind.
Und manchmal
sind auch Menschen uns
wie Sterne.
Sie haben dieses Leuchten,
das sternenhell in unser Herz
und tröstend auch
in manche graue Stunde fällt.

Sabine Ulrich

Eins ist notwendig

Eins ist notwendig – hier
in dieser unserer komplizierten Welt
von Obdachlosen und Heimatlosen:

In sich selbst Wohnung beziehen.

Geh hinein ins Dunkel
und putze den Ruß von der Lampe,

damit Menschen auf der Straße
Licht schimmern sehen
in deinen bewohnten Augen.

Hans Borli

Alle Tage Weihnachten

Ach, wenn doch alle Tage Weihnachten wäre! Clara sitzt an der gedeckten Tafel und lässt sich den Braten, die Klöße und das Rotkraut schmecken und denkt sich ihren Teil. Wie jedes Jahr werden gestrickte Socken und Plätzchen verteilt, ganz gerecht natürlich, der Kinderchor singt zwei Lieder und bald schon werden die Teller klappern. Dann ist es wieder zu Ende mit der Gemütlichkeit und der Wärme, aber wenigstens der Bauch ist gefüllt.
Die, die das organisieren jedes Jahr, beginnen auf die Uhr zu gucken, zuerst heimlich, dann ganz unverhohlen. Sie wollen nach Hause zu ihren Familien. Schließlich ist Weihnachten! Auch Clara steht nun endlich auf. An der Garderobe nimmt sie Jacke, Mütze und ihren Einkaufswagen in Empfang, auf den eine freundliche junge Frau aufgepasst hat. Vorhin, als sie mit dem vollen Wägelchen angerumpelt kam, hatte sie sie so offen angelächelt, dass Clara, die im Laufe der Jahre misstrauisch geworden war, ihr sofort alle Habseligkeiten anvertraut hatte.
Vielleicht war es auch ein bisschen des Hungers wegen gewesen. Jetzt lächelt die Frau wieder und Clara gibt das Lächeln zurück, ganz kurz nur, wegen ihrer Zahnlücken, für die sie sich schämt. Sie stülpt die rosa Wollmütze über das graue Haar und will gerade gehen, als die Frau sie anspricht.
Eine schöne Mütze haben Sie da, so weiche Wolle, ganz warm und flauschig. Und die Farbe steht Ihnen gut!
Clara sieht sie verblüfft an. Dann fasst sie verlegen zu Kopf und erwidert: Ich habe sie erst vorgestern in einem Kleidersack gefunden und ich glaube, es ist Angorawolle. Als sie sich zum Gehen wendet, hört sie erneut die Stimme der Frau: Frohe Weihnachten, sagt sie, und was haben Sie denn jetzt noch vor? Clara zuckt mir den Achseln. Was soll ich schon vorhaben? Einen halbwegs sicheren, erträglichen Schlafplatz suchen und nicht an morgen denken, so wie alle Tage! Die Frau guckt sie erstaunt an: Aber heute ist Weihnachten!

Es war Weihnachten, entgegnete Clara, früher war Weihnachten, heute ist es nur ein Tag wie alle anderen! Ihre Stimme klingt brüchig und bitter.

Die Frau schüttelt energisch den Kopf: Nein, sagt sie, es ist Weihnachten! Kommen Sie mit mir nach Hause, ich werde es Ihnen zeigen!

Clara zögert. Draußen hat es zu schneien begonnen und ein böiger Wind fegt um die Häuser. Die Frau nickt ihr aufmunternd zu und schließlich nickt Clara zurück. Sie machen sich gemeinsam auf den Weg. Vor einem kleinen Haus holt die Frau den Schlüssel aus der Tasche. Hier ist es, sagt sie, und hilft Clara, den Einkaufswagen in den Flur zu stellen. In der Wohnung ist es warm. Auf dem Tisch steht ein Adventskranz mit vier roten Kerzen. Als sie angezündet sind, beleuchtet ihr Licht eine kleine Weihnachtskrippe. Es sind einfache, schlichte Holzfiguren. Clara sieht genauer hin. Etwas fehlt: Da liegt kein Kind in der Krippe! Fragend blickt sie sich um. Die Frau steht dicht neben ihr und blickt Clara ermutigend an. Dann hält sie ihr auf der Handfläche die kleine Jesusfigur entgegen. Ich dachte, vielleicht möchten Sie sich darum kümmern?! Clara nimmt sie schweigend. Ganz vorsichtig legt sie das Kind in die Krippe, ganz behutsam. Und verwundert spürt sie, wie alles Harte in ihr plötzlich ganz weich zu werden beginnt, viel weicher noch als die Wolle ihrer Angoramütze.

Die findet die Frau am nächsten Morgen, als sie nach Clara sehen will, an ihrer Türklinke. Daneben liegt ein knitteriger Zettel. Nur fünf Worte stehen darauf: Ja, es ist Weihnachten! Danke!

Angelika Wolff

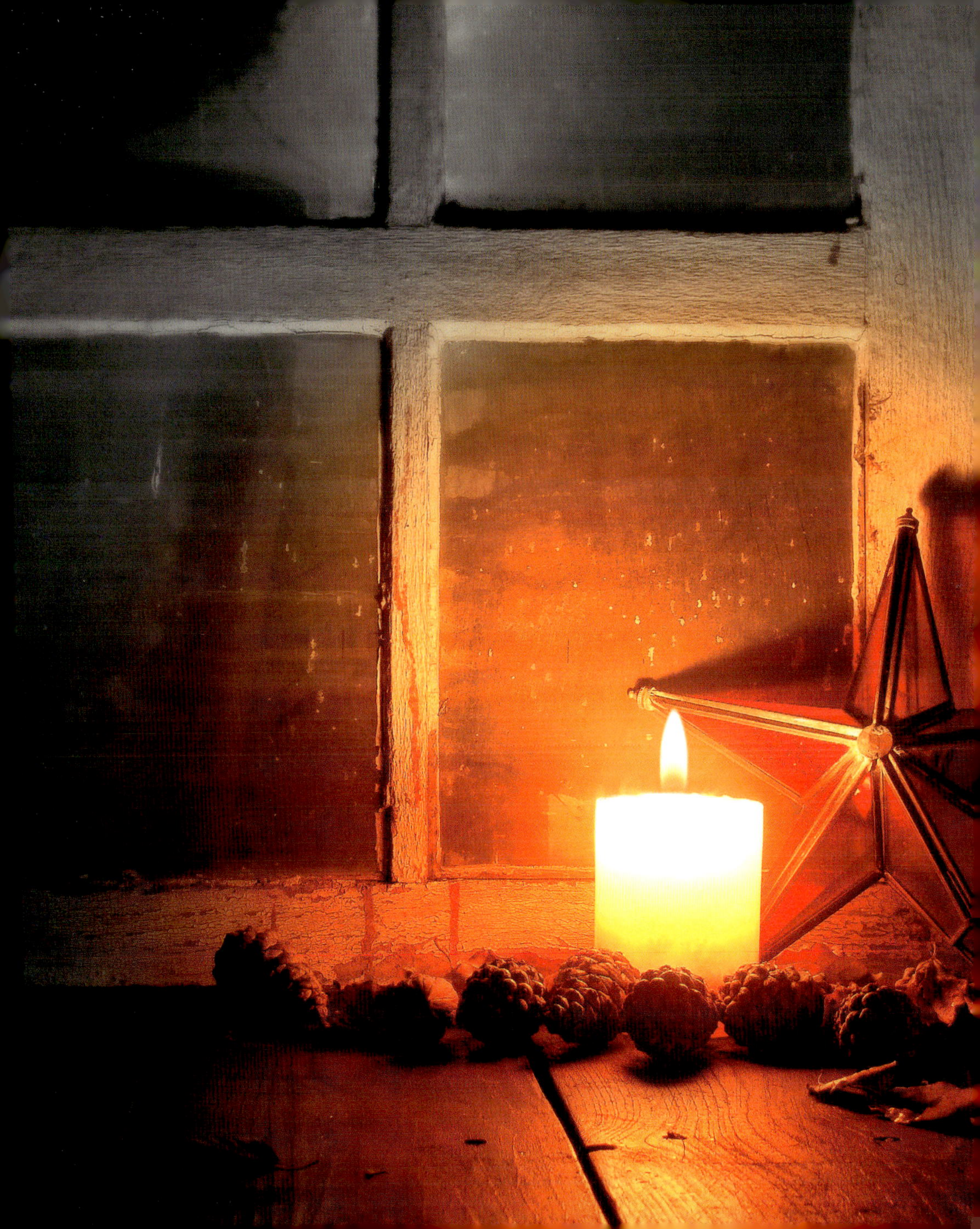

Im Advent

Sich dem Licht öffnen
auch dem eigenen

Leuchten
mitten im Dunkel

Stern sein
Wege weisen zum Kind

Tina Willms

nacht-licht

ich zünde die nacht
an
gehe hinein
mitten hinein

ich bin
wie ein streichholz
in der nacht
stelle mich hinein
mitten hinein

mein segen zündet
die nacht an
macht sie so hell
so sichtbar

ich lehne
meinen kopf
an die nacht
reibe sie
sichtbar heller

Sabine Heuser

gemeinsam unterwegs

Keiner lebt für sich allein.
Der Mensch ist ein Mensch
mit und durch andere.
In jedem Da-sein wohnt
die Sehnsucht
nach Nähe und Begegnung,
nach Leben und Liebe.

Nur zusammen
können wir weiter-glauben
und weiter-hoffen,
nur mit-ein-ander
können wir weiter-gehen
und über-leben,
nur gemeinsam
kommen wir ans Ziel,
erreichen wir
das anfangslose Licht
weit hinter dem Horizont
von Endlichkeit und Zeitlichkeit.

Nur wenn wir vereint
nach oben schauen,
dem Sternenzelt
über uns folgen,
verbunden mit Einem,
der größer ist als wir,
ergründen wir,
woher wir kommen,
wohin wir gehen,
wer wir sind,
ahnen wir,
wir sind berufen
für die Ewigkeit,
wir sind geschaffen
zur Gemeinschaft mit unserem
Schöpfer.

Benedikt Werner Traut

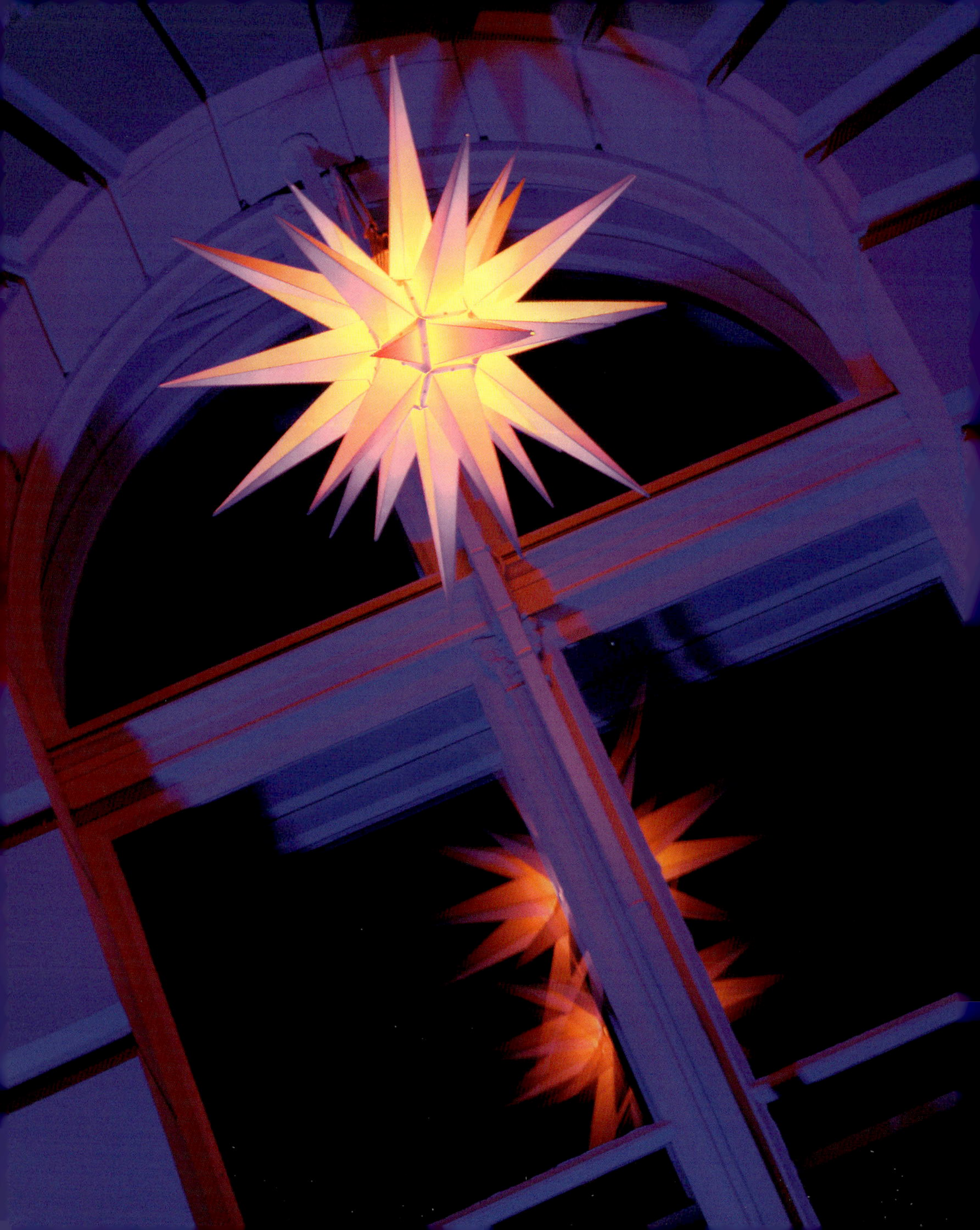

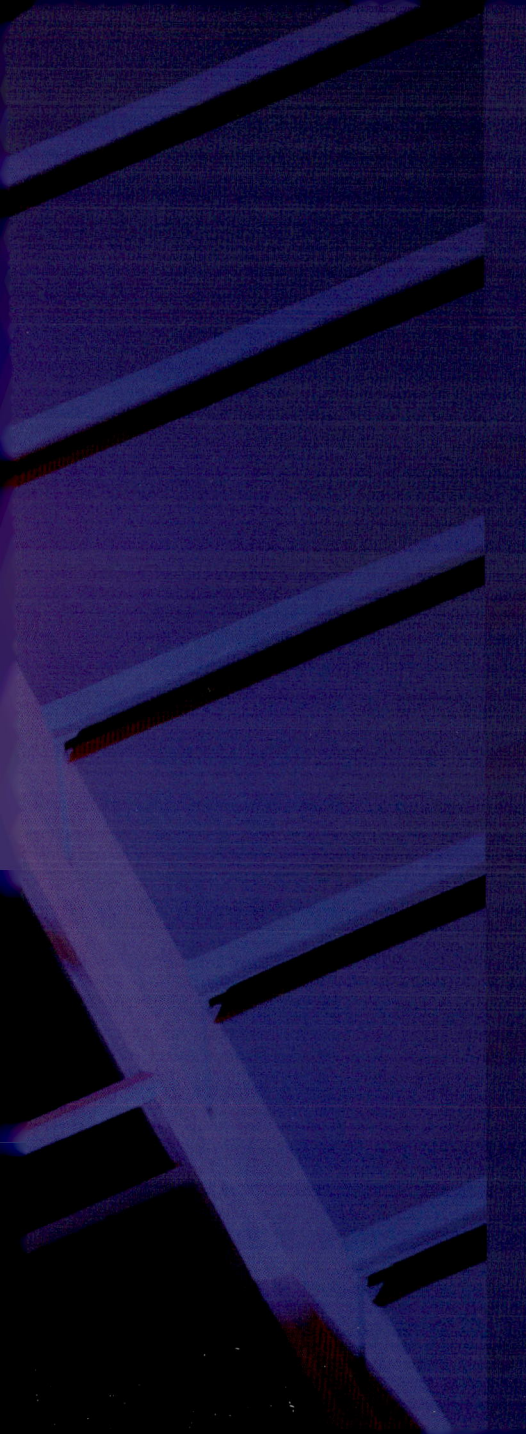

voll der Sterne

sie funkeln mich an
am späten abend
leuchten in meine nächte hinein
winzige punkte
die mir zuzwinkern
wenn es düster wird

sie strahlen mich an
diese glühwürmchen des himmels
senden ihre leuchtkraft bis auf die erde
so weit weg
und doch so nah
als verströmten sie ihr licht
nur für mich

es ist oft nicht das augenscheinliche
das uns wärmt
es ist häufig das kleine
das unscheinbare

ich winke zurück
fliege hinauf
setze mich neben sie
und bin
voll der sterne

Sabine Heuser

Selbstgemacht

„Selbstgemacht" sagtest du
und gabst mir den Stern
aus Transparentpapier

Ich hänge ihn
ins Fenster
wie jedes Jahr

In ihm leuchten
noch immer
deine Augen

Tina Willms

Leben ganz unten

Auch
ganz
unten
ist
Leben,
gibt es Worte,
werde ich verstanden,
kann ich verstehen,
bin ich genug,
bist DU
manchmal
mehr als oben.

Reinhard Ellsel

Das Geschenk der Flügel

An Tagen, an denen deine Lebensfreude
dich anspringt wie ein junger Hund,
deine Gedanken blitzblank,
deine Augen offene Fenster ins Mögliche sind
und du Gottes Macht der Zärtlichkeit
so deutlich spürst, dass alle alten Beschwernisse
mit einem Mal federleicht werden,
an solchen Tagen brauchst du keine Flügel, –
aber verleihen könntest du die deinen,
indem du den nächsten stützt, der strauchelt
oder vor dir am Boden liegt,
anstatt sehenden Auges und doch blind
darüber hinweg zu schweben.
Besser noch, verschenke sie, deine Flügel,
übe dich in Vertrauen und lass dich fallen:
Glaube, Hoffnung, Liebe
werden dich verlässlich tragen!

Angelika Wolff

*Die Sterne möchte ich
für euch holen*

Zutiefst empfundene
Augenblicke des Glücks
Wenn ihr mich anlacht
Meine Kleinen
Und voller Liebe
Mich umarmt

Die Sterne möchte ich
Für euch holen
Vom Himmelszelt
Möchte zaubern können
Dass euer totes Vöglein
Wieder lebt und
Jede eurer Wunden
Nicht mehr schmerzt

Lilly Ronchetti

Verschenke Sternstunden

Wenn ein Mensch sein Lächeln schenkt
und wünscht Dir einen schönen Tag,
so kann dieser Moment
für Dich zur Sternstunde werden.
Sein Licht begleitet Dich durch den Tag.

Verschenke auch du Sternstunden!

Annedore Großkinsky